Tadpole Books are published by Jump!, 5357 Penn Avenue South, Minneapolis, MN 55419, www.jumplibrary.com

Editor: Jenna Trnka **Designer:** Michelle Sonnek **Translator:** Annette Granat

Photo Credits: Cosmin Manci/Shutterstock, cover; Protasov AN/Shutterstock, 1; MirekKljewski/iStock, 3; MVolodymyr/Shutterstock, 2tr, 2br, 4–5; Nastya22/Shutterstock, 2tl, 6–7; Jeff Lepore/Alamy, 2ml, 8–9; irin-k/Shutterstock, 2bl, 10–11; Cathy Keifer/Shutterstock, 2mr, 12–13; John CleggPanthe/Pantheon/SuperStock, 14–15; Marco Uliana/Shutterstock, 16.

Library of Congress Cataloging-in-Publication Data
Names: Nilsen, Genevieve, author.
TitleVeo escarabajos / por Genevieve Nilsen.
Other titles: I see beetles. Spanish
Description: Minneapolis, MN: Jump!, Inc., (2020) | Series: Insectos en tu jardín | Includes index. | Audience: Age 3–6.
Identifiers: LCCN 2019000468 (print) | LCCN 2019001844 (ebook) | ISBN 9781641289962 (ebook) | ISBN 9781641289955 (hardcover: alk. paper)
Subjects: LCSH: Beetles—Juvenile literature.
Classification: LCC QL576.2 (ebook) | LCC QL576.2 .N5518 2020 (print) | DDC 595.76—dc23
LC record available at https://lccn.loc.gov/2019000468

INSECTOS EN TU JARDÍN

VEO ESCARABAJOS

por Genevieve Nilsen

TABLA DE CONTENIDO

tadpole en español

PALABRAS A SABER

alas

antenas

élitros

luciérnaga

mariquita

patas

VEO ESCARABAJOS

¡Veamos escarabajos!

Tienen seis patas.

Y dos antenas.

ala

Tienen alas.

élitro

Tienen élitros.

Una mariquita
es un escarabajo.

¡Tiene manchas!

Una luciérnaga
es un escarabajo.

¡Se ilumina!

Esta nada.

¡Vive en el agua!

¡REPASEMOS!

¡Este es un escarabajo! ¿Cómo lo sabemos? Tiene patas y élitros. Apunta hacia ambos.

ÍNDICE